Les Nouvelles Trois Prières

FSC
www.fsc.org

MIXTE

Papier issu
de sources
responsables
Paper from
responsible sources

FSC® C105338

Les Nouvelles Trois Prières

Sur la Base

de la Loi de l'Univers

Larisa Alexandrovna Seklitova

Ludmila Leonovna Strelnikova

ISBN : 978-2-3224-6118-9
Dépôt légal : Décembre 2022

Auteures

Larisa
Alexandrovna
Seklitova

Ludmila
Leonovna
Strelnikova

Site officiel des auteures
L. A. Seklitova et L. L. Strelnikova :
https://www.6paca-france.com/

INTRODUCTION

Les Nouvelles Prières sont créées sur la base des textes des "Lois de l'Univers" et sont construites sur les puissantes énergies du prochain niveau de développement de l'humanité.

L'énergie de ces prières est très forte, il est donc nécessaire de l'utiliser de manière dosée, car les prières sont basées sur les "Lois de l'Univers", qui sont donnés pour les 2000 prochaines années.

Des prières sont données pour aider les personnes dans la période de transition entre la cinquième et la sixième race.

LES ACTIONS DE NOUVELLES PRIÈRES

Pour confirmer que les trois prières que nous avons reçues du Supérieur ont un impact sur la structure subtile d'une personne, nous joignons une photo de l'aura du guérisseur allemand A. Garass, qui a mené une série d'expériences avec elles. L'apparition d'une aura bleue sur lui est une preuve que les prières sont données par Dieu. Exactement la même aura a été vue par des clairvoyants sur le Bouddha

L'aura de A. Garass est devenue bleue après qu'il ait récité chaque prière 118 fois pendant 17 jours (le nombre du prophète).

Photo 1.
L'état normal de l'aura de A. Garass avant la prière.

Photo 2.
L'état de l'aura de A. Garass après une lecture de 17 jours des Prières. L'aura a été filmée en Allemagne avec une caméra spéciale «Aura Vision Coggins 6000».

À PROPOS DES NOUVELLES PRIÈRES

L'incrédulité allonge le chemin du développement humain ou conduit à un système négatif, tandis que la Foi raccourcit le chemin vers Dieu.

Les non-croyants, ou les aveugles, ne veulent pas voir l'évidence et aggravent ainsi leur situation déjà difficile en accumulant des dettes karmiques. Et la vérité, existant en dehors de leurs notions, déroule dans cette période du début du XXIe siècle les événements les plus intéressants de la pose par Dieu des fondements de l'Unité de la Foi dans la vie humaine.

Le symbole de l'unification est l'« Étoile de l'Union ». L'introduction de ce symbole directement dans la vie d'une personne est destinée à lui permettre de travailler avec des types d'énergies plus élevés afin de réussir une transition digne de ce nom vers la nouvelle sixième race.

Après l'étoile de l'Union, 3 prières ont été créées par nous (L.A. Seklitova et L.L. Strelnikova). Et après cela, Alexej Garas a reçu une nouvelle façon de baptiser (signe de croix) un être humain de la sixième race dans une vision sur le plan subtil. Dans les situations de la création de l'amulette "Étoile de l'Union", des Nouvelles Prières et du Nouveau Baptême (Signe de Croix), on peut clairement voir la pose involontaire de la Nouvelle Base Fondamentale de la foi du futur - le fondement de l'Unité de la Foi.

LE NOUVEAU BAPTÊME (Signe de Croix)

Comme l'ont montré les Supérieurs, il faut commencer à baptiser (Signe de Croix) de la manière chrétienne habituelle (front - ventre - épaule droite - épaule gauche), **puis (schéma 1, droite) continuer d'une nouvelle manière :** avec la main droite, il faut s'élever au-dessus de l'épaule gauche sur 5-8 cm et avec trois doigts (pouce, index et milieu), dont les extrémités sont rassemblées, toucher un point invisible situé dans l'air, au milieu entre l'oreille et le chakra de l'épaule.

Ensuite, les trois doigts de ce point doivent être déplacés obliquement vers le chakra de la cuisse droite. De là, les doigts courent en ligne droite (schéma 1, position "6") jusqu'au même point de chakra conditionnel "air" (surligné en rouge) entre l'épaule droite et l'oreille. Et de là (à partir du point rouge), les doigts descendent en ligne oblique vers le chakra de la cuisse gauche et reviennent au centre (point rouge). Il s'avère donc que l'ancienne croix chrétienne continue d'être complétée par de nouvelles lignes, reliant des chakras supplémentaires. Et c'est en cela que réside la continuité du Nouveau Baptême, correspondant à l'Étoile de l'Union à huit branches.

La puissance de la nouvelle croix est plusieurs fois supérieure que celle de l'ancienne de la croix à quatre pointes.

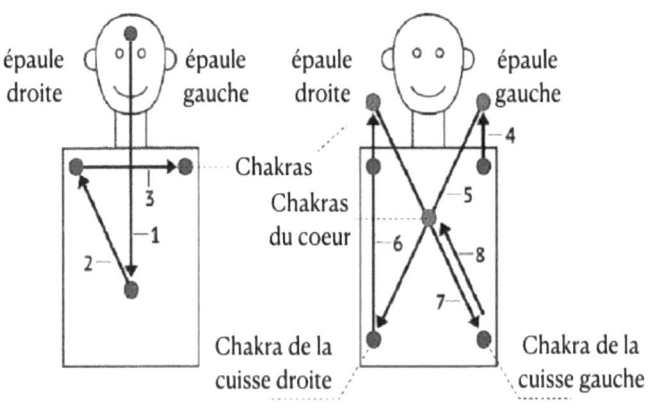

Baptême chrétien ordinaire

Continuation du baptême de l'épaule gauche vers le haut

Schéma 1

Un nouveau baptême

La Création de Nouvelles Prières

Toutes les prières portent une certaine énergie. Les prières chrétiennes sont destinées à une personne de la 5ème race et sont donc construites sur la gamme d'énergies de cette race.

La prière est pour :

1. Pour nettoyer les corps subtils d'une personne des énergies sales.

2. Elle aide à guérir une personne en lissant son aura, en éliminant les défauts de l'aura et en supprimant les blocages dans les énergocanaux.

3. Elle aide également à protéger une personne contre les attaques d'entités négatives du plan subtil.

4. Aide à maintenir une tendance positive sur le développement.

5. Aide à communiquer avec le monde Supérieur.

Pour mettre en œuvre ces fonctions, la prière est construite de manière à ce que son énergopotentiel soit supérieur au potentiel de la personne elle-même et au potentiel des entités du monde subtil capables de l'attaquer.

Les entités négatives qui attaquent une personne à partir du plan subtil, causant la possession ou des dommages à ses enveloppes subtiles, ne craignent pas les mots des prières, mais d'un énergopotentiel qu'elles portent en elles, c'est-à-dire qu'elles ont peur de la puissance énergétique des prières. Les énergies pures des prières les brûlent, alors elles les fuient.

Les prières protègent les gens depuis le début du christianisme. Mais aujourd'hui, il y a une situation où leur force s'est affaiblie. Ceci est dû au fait que vers la fin de la 5ème race, dans le cours du développement, l'homme a augmenté sa propre énergie. Et aussi tous les êtres vivants, y compris les êtres négatifs du plan subtil, ont également accumulé leur énergie. Et les anciennes prières sont restées les mêmes dans leur énergie et leur puissance, c'est-à-dire que leur pouvoir n'est plus suffisant pour éloigner les mêmes entités négatives et niveler l'aura d'une personne. Tout développement de l'Âme est lié à sa quantité d'énergies d'un spectre plus élevé que celles déjà accumulées par l'âme humaine, et à une augmentation de sa puissance. Par conséquent, pour que les prières puissent remplir leurs anciennes fonctions, leurs textes doivent être porteurs d'un énergopotentiel supérieur à celui de l'homme moderne.

Mais comment faire alors des prières pour augmenter leur puissance ? Cela ne peut être fait que par des textes spéciaux qui sont spécifiquement construits sur un énergopotentiel puissant qui dépasse le potentiel de l'homme moderne de la 5ème race.

En outre, il faut comprendre que les Nouvelles Prières ne doivent fonctionner que pendant la période de transition, qui durera de 300 à 500 ans, en comptant à partir de l'an 2000. Et surtout, comme les prières contribuent toujours à accroître le niveau spirituel d'une personne, leur texte doit être porteur d'une énergie particulière de la part de Dieu. Ce n'est que dans ce cas qu'une sixième fonction importante s'ajoutera aux cinq fonctions des prières ci-dessus :

6. Ces prières contribueront à une augmentation rapide de l'énergopotentiel de l'Âme humaine, à un changement de ses énergies vers le spectre supérieur suivant, c'est-à-dire qu'elles accéléreront le développement spirituel de la personne.

Quand on a commencé à écrire des livres, on ne pensait pas qu'on en viendrait aux prières. Mais les lecteurs nous ont demandé à plusieurs reprises : existe-t-il de nouvelles prières pour aider les gens dans les situations de la vie ? Au début nous avons répondu que dans la sixième race il n'y aura pas de prières spéciales, la race d'or n'en aura pas besoin, parce qu'il y aura l'unification et le style de vie des gens sera complètement différent, parce que chacun aura déjà beaucoup de pouvoir supplémentaire et sera capable de communiquer personnellement avec son Déterminant et d'autres Enseignants supérieurs. De plus, il n'y aura plus un seul incroyant ; au contraire, les gens ne "croiront" plus, mais sauront avec certitude que Dieu et les chefs suprêmes existent, et qu'ils doivent être honorés et s'efforcer de devenir un avec eux. En outre, la nouvelle race sera plus intelligente et elle trouvera d'autres moyens de protéger et de purifier l'homme. Dans la nouvelle vie, tout sera basé sur la Connaissance et la haute conscience des gens, sur les "Lois de la Création".

Cependant, un lecteur contemporain s'est montré persuadé : "J'aimerais avoir de nouvelles prières pour ma protection et pour me tourner vers Dieu. Il y a tellement de choses qui se passent dans le monde maintenant que je ne sais pas comment me protéger de la négativité. Et de nouvelles prières donneraient au moins une satisfaction à nos âmes. Nous saurions alors avec certitude qu'elles viennent de Dieu, qui est venu aider les gens récemment".

Et afin d'aider les gens dans cette période difficile, nous avons décidé de donner aux gens trois Nouvelles Prières avec des textes à l'énergopotentiel plus puissant que les anciennes prières existantes.

La complication des situations de vie est liée, dans la période de transition, à la liquidation des dettes karmiques. Les personnes de la cinquième race doivent travailler leur karma, comme les personnes de la sixième race doivent commencer leur existence de manière propre, sans aucune dette. Et le travail du karma est exactement ce qui les implique actuellement dans les situations les plus difficiles de la vie quotidienne, sociale et autre. Il est donc nécessaire de les aider à renforcer leur

Esprit et leur Corps pour traverser dignement tous les événements difficiles de leur vie. Et ce sont les nouvelles prières qui peuvent renforcer l'Esprit et le Corps si elles ne sont pas construites sur les anciennes énergies du 20ème siècle mais sur les nouvelles. Mais comment les construire pour qu'ils contiennent les énergies du prochain niveau de développement de la planète et de l'humanité ?

En résolvant cette question, nous sommes arrivés à la conclusion qu'elles devraient être créées sur la base des textes des "Lois de l'Univers", car elles sont construites sur des énergies puissantes du prochain niveau de développement de l'humanité. C'est pourquoi nous avons choisi "la Loi sur la Substance de Dieu" et créé sur sa base deux prières : l'une "Sur l'aide dans les Situations", la seconde "Sur l'aide dans le Développement et la Protection" ; et la troisième prière que nous avons construite sur la base de "la loi du perfectionnement dans le bien". Il s'agit de la "Prière contre les Maladies et les Infirmités du corps".

L'énergie de ces Prières est très forte, il faut donc l'utiliser de manière dosée, car les Prières sont basées sur les "Lois de l'Univers" données pour les 2000 prochaines années et destinées davantage aux personnes de la nouvelle 6ème race et donc par l'énergie elles dépassent de loin l'énergie des personnes de la 5ème race. Vous devez les utiliser avec beaucoup de précaution et vous devez répartir vos forces de manière délibérée lorsque vous les lisez.

L'EFFET DES NOUVELLES PRIÈRES SUR L'AURA D'UNE PERSONNE

Lorsque l'on travaille avec les Nouvelles Prières, il faut se rappeler que si, après avoir obtenu une aura bleue, on s'arrête et que l'on ne poursuit pas le travail en conséquence, l'aura changera rapidement de couleur pour retrouver une couleur humaine normale. Ce qui a été réalisé doit être confirmé par de nouveaux résultats, jusqu'à ce que les hautes énergies construisent la matrice de l'âme de la manière requise. Il faut travailler sur son âme de manière systématique.

Mais pourquoi une personne doit-elle changer la couleur de son aura ? Lorsqu'elle atteint le premier niveau de la Hiérarchie de Dieu, la couleur de son aura devrait être blanche. Les couleurs de l'arc-en-ciel ne lui sont pas données par hasard. L'arc-en-ciel symbolise les Niveaux de développement que l'humanité doit traverser depuis son apparition sur la Terre.

Chaque race passe par sa propre gamme d'énergies dans le spectre global de l'humanité, et chaque gamme a sa couleur primaire. Chaque race en cours de développement doit atteindre son Niveau dans le spectre arc-en-ciel dans le temps qui lui a été accordé. Mais chaque Niveau a sa propre couleur particulière, qui atteint sa saturation maximale à la fin de toute la gamme d'énergie de ce Niveau.

Passons maintenant aux sept couleurs de l'arc-en-ciel qui ont été données à l'humanité :

La **première race** a commencé à passer par le **spectre rouge** (aura rouge). Il s'agit d'un certain niveau de développement.

La deuxième race— Orange.
La troisième race — Jaune.
La quatrième race — Vert.
La cinquième race — Bleu clair (Dans le cadre d'un développement normal, les êtres humains de la cinquième race auraient dû acquérir une aura bleue à la fin de l'an 2000, mais en raison de l'important retard de développement de l'humanité, cela ne s'est pas produit. Par conséquent, les Nouvelles Prières aideront ceux qui souhaitent éliminer le retard dans leur structure subtile et acquérir du bleu dans leur aura subtile).

La sixième race doit construire une **aura Indigo** (et, avec un développement accéléré, une aura Violette).

La septième race doit construire la **Violette**.

Et ensuite, toutes les couleurs de l'arc-en-ciel du niveau supérieur deviennent BLANCHES. Si vous reconstituez l'ensemble de l'arc-en-ciel à travers une lentille de mise au point, on retrouve à nouveau du blanc. (L'arc-en-ciel apparaît lorsque la couleur blanche est décomposée par l'objectif et réapparaît dans des conditions différentes). Ainsi, l'humanité devrait absorber toutes les couleurs de l'arc-en-ciel dans son âme au cours de son développement, et celles-ci dans leur totalité et les lois spéciales d'interaction des énergies rendront l'âme blanche, lumineuse et brillante.

Pour résumer ce qui précède, la chose la plus importante à noter est que les Nouvelles Prières fonctionnent et sont capables d'affecter de manière significative la couleur de l'aura d'une personne. Les Nouvelles Prières et les Lois de l'Univers ont une grande perspective. Il est important de comprendre le sens de leur action - elles sont capables de rendre l'aura de chaque personne qui les lit assidûment, comme l'aura de Bouddha, c'est-à-dire d'aider à atteindre le seuil de transition vers la sixième race.

Par conséquent, les Prières et le baptême (signe de croix) à huit pointes accélèrent le processus de transition vers la race d'Or de l'humanité, et donc son évolution. Tout ce qui est nouveau n'est pas donné pour le divertissement de l'homme, mais pour le perfectionnement de son âme et l'accélération de son développement.

Pour plus d'informations sur ce sujet, voir l'ouvrage de Seklitova L. A. et Strelnikova L. A. et L. Strelnikova. L. "Le chemin de l'inconnu".

LE POUVOIR DES NOUVELLES PRIÈRES

À la demande générale, nous présentons les Nouvelles Prières à Haute Énergie de L. L. Strelnikova et L. A. Seklitova.

À l'heure actuelle - le temps de la transition de la Terre vers une nouvelle orbitale, et aussi le temps du changement d'époque et de race, ce n'est probablement pas un secret que les anciens textes de prières ne peuvent pas produire l'effet souhaité sur les personnes qui, par leur énergopotentiel, sont à l'apogée de la transition vers la sixième race.

Mais ce n'est pas surprenant - les temps nouveaux apportent une nouvelle énergie et les anciennes prières portent une faible énergocharge qui n'est plus en mesure de faire face aux facteurs et phénomènes négatifs de la manifestation moderne, qui ont un énergopotentiel bien plus important que les textes des anciennes prières.

Dans les cours de "l'École de l'Inconnu", nous avons mesuré l'énergopotentiel d'une croix personnelle ordinaire avec un cadre de biolocalisation et il était égal à 3 unités d'énergie. **Et la feuille avec les textes de ces Prières, c'était jusqu'à 10 unités !**

Selon l'opérateur du cadre, l'énergopotentiel de la Bible a été mesuré et il n'est que de 5 unités d'énergie. À titre de comparaison : **le premier tome des "les Lois de l'Univers ou les Bases de l'Existence de la Hiérarchie Divine" a un énergopotentiel de pas moins de 14 unités d'énergie !** Ces Prières ont un effet bénéfique sur la santé et les médiums disent qu'elles ont un effet positif sur les patients atteints de cancer.

CONSEILS D'UTILISATION DES PRIÈRES

Ces trois Prières peuvent être récitées pour aider les vivants.

1. Mais avant de réciter la Première Prière, vous devez dire ceci : "*Je donne l'énergie de la Première Prière à mon fils Victor Nikolaevich (et nommez son nom de famille) pour l'aider dans une situation difficile de la vie. Que l'énergie de la première Prière l'aide. Et seulement après cela, lisez la Prière elle-même*". Et là, où il est écrit "nous", appelez son nom et son patronyme.

2. Si l'un de vos proches part en voyage, pour la sécurité de votre proche, il est bon de lire la deuxième prière et de dire : "*L'énergie de la Deuxième Prière, je la donne aux Anges Gardiens de ma chère fille Nina Ivanovna (et nommez son nom de famille)*". Pour avoir plus d'énergie pour la protection, on peut réciter la Deuxième Prière 2 ou 3 fois. Si plusieurs de vos proches voyagent en même temps, il est préférable de réciter la Deuxième Prière pour chaque parent, en indiquant son nom, son patronyme et son nom de famille.

3. Pour le malade, il est bon de lire la Troisième Prière et de demander pour lui comme suit : "*L'énergie de la Troisième Prière, je la donne à mon cher mari Pavel Petrovich (et nommez son nom de famille) pour le rétablissement de sa santé*". Et vous devriez le lire 2 ou 3 fois car certaines maladies sont maintenant compliquées. Il est préférable de la lire tous les deux jours.

Certaines personnes veulent lire les Prières pour la personne décédée. La Première Prière peut être lue pour aider la personne décédée. Vous devriez dire avant de lire cette Prière : "*Je donne l'énergie de la Première Prière à mon ami Roman Alekseyevich (et nommez son nom de famille) pour qu'il soit aidé dans les situations du monde subtil*". Si le défunt est apparu en rêve, il est préférable de lire la Première Prière 2 ou 3 fois. Il est venu parce qu'il n'a pas assez d'énergie pour s'élever au niveau qu'il veut atteindre.

LA PREMIERE PRIERE POUR OBTENIR DE L'AIDE DANS DES SITUATIONS

Pour aider les vivants. Avant de réciter la Première Prière, vous devez dire ceci : "*Je donne l'énergie de la Première Prière à mon fils Victor Nikolaevich (et nommez son nom de famille) pour l'aider dans une situation difficile de la vie. Que l'énergie de la première Prière l'aide. Et seulement après cela, lisez la Prière elle-même*". Et là, où il est écrit "nous", appelez son nom et son patronyme.

Pour aider le défunt. Avant de réciter la Première Prière, vous devez dire ceci : "*Je donne l'énergie de la Première Prière à mon ami Roman Alekseyevich (et nommez son nom de famille) pour qu'il soit aidé dans les situations du monde subtil*".

———————————————

Dieu Tout-puissant et Incomparable ! Tu es le Maître des mondes et des univers, des temps et des espaces ! Nos âmes et nos cœurs sont tournés vers Toi, puisque Tu es notre Créateur et le Pouvoir Suprême dans la création des formes uniques.

La base principale de la Puissance de Ta Création est la possession de la Vérité de la Spiritualisation, qui est inaccessible au Diable. C'est là que résident Ta Puissance et Ta Force indestructible. Cette Vérité prédétermine une existence autonome des formes vivantes, que Tu crées. C'est Ta Grande capacité de Spiritualiser tout l'existant, qui rend Tes créations individuelles et uniques. En cela consiste **Ta Grande Force** !

C'est ce type d'énergie de la Spiritualisation qui reste toujours au-delà de la compréhension du Diable et de Sa capacité d'acquérir cette Grande Énergie de la vie. La raison en est dans Son manque même d'une petite partie des énergies du Bien, de l'Amour et de la Créativité. Le Hiérarque Négatif parvient à une nouvelle compréhension et une nouvelle prise de conscience de tout ce qui existe dans le monde à travers les nombres et les calculs. Cela empêche pour Lui une autre visibilité du monde environnant, incarnée par les sensations et les sentiments de beauté, qui est accessible à Ton Âme, Dieu.

La dépendance principale du Diable envers Toi, le Tout-puissant et Unique, s'exprime dans Son incapacité de maîtriser les méthodes de la spiritualisation de ses formes, qu'Il reçoit à la suite des calculs analytiques. Cette dépendance est la raison principale et prépondérante de la soumission du Diable envers Toi, qui aime et pardonne tout le monde. Et seule cette Vérité est capable de vaincre les oeuvres des Forces des Ténèbres et de laisser triompher le Bien, la Justice et la Miséricorde !

Nous Te demandons, Dieu le Grand, de nous mener vers de nouvelles voies du Bien et de la Lumière, de la Créativité et de l'Amour, pour devenir Tes Assistants dignes, créant des mondes et des espaces et spiritualisant de nouvelles formes de vie !

Nous Te demandons de tout notre cœur, Dieu Tout-puissant, de nous aider dans des moments difficiles de notre vie et de nous protéger contre les machinations du Diable. Dans toutes nos pensées, nous sommes toujours avec Toi, notre Grand Créateur et nous voulons que nos Âmes soient dans Ton Royaume. Sauve-nous et protège-nous.

Amen !

LA DEUXIÈME PRIÈRE POUR L'AIDE AU DÉVELOPPEMENT ET À LA PROTECTION

Pour aider sur le chemin. Avant de réciter la Première Prière, vous devez dire ceci : *"L'énergie de la Deuxième Prière, je la donne aux Anges Gardiens de ma chère fille Nina Ivanovna (et nommez son nom de famille)"*.

Notre Dieu, Tu es l'Esprit Supérieur, la Personnalité Surdéveloppée et Surpuissante, qui possède toutes les caractéristiques qualitatives des Substances qui Te forment. Ta puissance et Ton potentiel général de la Grande Âme sont incomparables, et personne n'est égal dans la protection et la miséricorde envers le nécessiteux.

Tu es une Grande Personnalité Toute-Puissante, qui n'a pas d'égale dans notre Univers ni par la puissance de la Pensée, ni par la puissance du Potentiel de l'Âme. Tu es la Substance Suprême, qui a atteint le sommet du perfectionnement.

Notre Dieu ! Tu es l'Idéal, vers lequel chaque personne doit tendre dans son développement ; Tu es le Créateur qui, par la puissance de la pensée, crée les espaces de l'Univers, les âmes et toute vie en son sein. Toi seul ouvre la voie de l'éternité à l'Homme par la grande Puissance de la Perfection. Permets-moi de suivre mon chemin dignement vers Ton Royaume. Entends ma voix dans les moments de désespoir et de faiblesse. Ne laisse pas le Diable triompher de mes imperfections.

Ta Substance, ô Dieu, ne peut pas être expliquée par l'esprit humain, tout comme un grain de sable ne peut pas se comparer à une montagne, et une goutte d'eau avec un océan. Seul le Perfectionnement éternel nous rend aussi fort et créatif que Notre Dieu. Nous allons Te ressembler inlassablement, Dieu, Notre Créateur, dans toutes les meilleures qualités de notre âme. Et que Ton Grand Pouvoir demeure avec nous ! Et mène-nous infatigablement par les chemins de la Lumière, en nous vainquant dans nos faiblesses et nos défauts.

Mais compte tenu du fait, que je me trouve toujours sur un stade inférieur du développement et que je suis faible devant les Forces négatives, je demande Ta Protection et Ton Aide. Dieu, aide-moi, mes proches et tous ceux que j'aime, dans la lutte contre des infortunes et les maladies ! Protège-nous et envoie-nous de la chance, non pour que notre âme s'amuse éternellement, mais pour la poursuite de notre développement et pour la création des Bonnes Actions.

Amen !

LA TROISIÈME PRIÈRE CONTRE LES MALADIES ET LES INFIRMITÉS DU CORPS

Pour aider la personne malade. Avant de réciter la Prière, vous devez dire : "*L'énergie de la Troisième Prière, je la donne à mon cher mari Pavel Petrovich (et nommez son nom de famille) pour le rétablissement de sa santé*".

Pour aider moi-même. Avant de réciter la Prière, vous devez dire : " *Je donne l'énergie de la troisième prière à réserver pour le rétablissement de ma santé (et je donne mon prénom, mon moyen et mon nom)* ".

———————————————— .

Le Bien est la puissance Créatrice du monde qui ne laisse pas tout ce qui existe sombrer dans l'oubli. Le Bien est une qualité de l'énergie qui empêchera de triompher les Forces du Mal sur la

Terre. Il est l'opposé du Mal et représente la Force Toute-Puissante de contrôle.

Les énergies du Bien et du Mal sont initialement opposées par leur nature. Cependant, appartenant à un tout unique, ils ne peuvent pas exister l'un sans l'autre, parce qu'il serait impossible d'évaluer et de comprendre le Bien et sa puissance bienfaisante, si le côté opposé, le Mal n'existait pas. Cette loi est le moteur de l'évolution que nous devons prendre en compte.

Mais le Bien doit régner sur le Mal, comme Toi, Dieu, règnes sur le Diable. Et que chaque âme, y compris la mienne, remplisse Notre Monde et sa demeure de la Lumière Divine de la Bonté et de l'Amour, en nous rapprochant de Toi, Tout-puissant et Incomparable !

Dieu, aide-moi par la puissance de Ta Bonté indestructible, à surmonter les infirmités et les maladies de mon corps, renforce mon Esprit par Ta Grande Puissance et permets-moi de construire les mondes du Bien avec Toi et Tes Dignes Assistants.

Toutes les actions conduisant à l'accomplissement de bonnes choses, forment dans la Personnalité la grande Puissance de l'Esprit, invincible par l'Impuissance du Diable. Je Te demande, Dieu, tout en renforçant mon Esprit, de renforcer mon corps, pour que je puisse surmonter dignement toutes les difficultés qui apparaissent sur mon chemin.

Aide-moi, Dieu, à me renforcer dans les Puissances du Bien, puisque plus Mon Âme fait de bonnes actions, plus sa Créativité devient grande et forte.

Cela nous rapproche plus rapidement de Ta structure Divine Supérieure, puisque le perfectionnement dans le Bien et la Créativité accélère le développement et améliore la structure qualitative de notre Âme.

Aide-moi, Dieu, à renforcer mon Esprit dans la résistance aux Forces du Mal. Apprends-moi à lutter contre les maladies et l'infirmité du corps ! Que les Créativités et les principes d'Amour de tout le vivant se multiplient dans mon âme. Et par cela je veux renforcer Tes Puissances, Dieu le Grand, et augmenter Tes Troupes dans l'Opposition au Mal. Mon cœur, notre Créateur Grand et Juste est toujours avec Toi, pour des siècles et des siècles !

Amen !

Sommaire